JESÚS MANUEL GONZÁLES Y MALLO

LA MIA PRIMA BIBBIA ILLUSTRATA

LIBRERIA EDITRICE VATICANA

Prima edizione Maggio 2014
Prima ristampa Dicembre 2016

Edizione di pregio Giugno 2020

Titolo originale:
JESÚS MANUEL GONZÁLES Y MALLO
Mi primera Biblia ilustrada
© Santa Maria – Buenos Aires 2013

Illustrazioni di Nicolás Armano

Traduzione a cura di Francesca Angeletti

I passi biblici in corsivo sono tratti
dalla *Sacra Bibbia* della CEI (2008)

© 2014 Libreria Editrice Vaticana
00120 Città del Vaticano
Tel. 06 698 45 780 - Fax 06 698 84 716
E-mail: commerciale.lev@spc.va
www.libreriaeditricevaticana.va
www.vatican.va

ISBN 978-88-266-0467-1

Introduzione: Nota per i genitori

CON grande gioia presentiamo *La mia prima Bibbia illustrata*; che non è solo un altro dei tanti libri, perché nella Bibbia è scritta tutta la storia di amore che Dio volle darci. Questa versione, pensata soprattutto per i più piccoli, vuole accompagnare l'importante cammino che percorre la famiglia nel conoscere e apprendere ciò che Dio ci dice in ciascuna delle sue pagine. Attraverso di esse, genitori e figli iniziano questo meraviglioso cammino di conoscenza della storia di amore più grande che sia mai esistita: quella di Dio per il suo popolo, per i suoi figli, per noi.

Dio è amore, e l'amore è la chiave della nostra felicità. Dio ci parla attraverso la Bibbia, ciò che si semina nei bambini dalla più tenera età lo svilupperanno nella loro gioventù e maturità.

È importante chiarire che questa è una versione sui libri ed i passaggi più importanti e significativi della Sacra Bibbia, adattata con un linguaggio divertente e comprensibile per i bambini che ne iniziano la lettura. Ogni scena o passaggio biblico ha il suo riferimento per coloro che volessero maggiormente approfondire la lettura del testo completo.

La parola Bibbia proviene dal greco e significa "libri". La Bibbia è composta da due grandi parti: Antico Testamento e Nuovo Testamento. I libri che le compongono sono a loro volta divisi in capitoli, e questi in versetti. Così, ad esempio, quando si dice: Genesi 2,5-12, vorremo dire che si deve cercare nel libro chiamato Genesi, il capitolo 2, dal versetto 5 al 12.

Si è lavorato con amore e dedizione nell'elaborazione di questa Bibbia illustrata per bambini; speriamo che realizzi il suo proposito nella vita dei vostri figli ed in voi, e che Dio benedica ogni bambino in modo speciale.

I Curatori

ANTICO
TESTAMENTO

L'Antico Testamento

DIO si rivela ed elegge un Popolo. È l'inizio della grande storia della Salvezza in cui Dio comincia a svelare la Sua opera.

Gli uomini di fede leggono nella storia la presenza di Dio e scrivono nell'Antico Testamento, o "Antica Alleanza" prima della venuta di Gesù, una raccolta di 47 libri che insieme ai 27 del Nuovo Testamento danno vita alla Bibbia, una vera e propria biblioteca dove Dio ci mostra il suo splendido piano attraverso la gran varietà di stili, narrazioni popolari, le prime leggi , oracoli e primi elenchi genealogici raccolti da Israele, il popolo eletto.

Il racconto della Creazione, il paradiso terrestre, la vocazione di Abramo, la missione di Mosè, l'antica Pasqua ebraica, le lotte d'Israele per trovare la sua unità, i re, i giudici e i profeti compongono diversi mosaici di questa bella storia di incontro degli uomini con Dio e la sfida del vivere nella storia il disegno della Fede, della Speranza, facendo di noi un Popolo.

In tutta la Storia dell'Antico Testamento si prefigura la venuta di Gesù al centro del messaggio di salvezza della Bibbia.

L'Antico Testamento è attraversato dal messaggio di Dio all'umanità: "Sarò Vostro Dio e voi sarete il mio popolo".

Una vecchia usanza ebraica, di interrogare i ragazzi la notte di Pasqua, ci rivela la presenza di Dio in tutto l'Antico Testamento:

Uno è il nostro Dio che è in Cielo e in terra
Due sono le tavole della Legge
Tre sono i Patriarchi d'Israele
Quattro sono le Madri del popolo di Dio
Cinque sono i libri della Torah.
Sei sono i libri che lo spiegano.
Sette sono i giorni della settimana.
Otto sono i giorni del patto.
Nove sono i mesi della gravidanza.
Dieci sono i Comandamenti del Signore.
Undici sono le stelle nei sogni di Giuseppe.
Dodici sono le Tribù d'Israele.
Tredici sono gli Attributi di Dio

DIO CREA IL MONDO

Genesi 1,1-2,4

DIO creò il cielo e la terra. La terra era deserta. C'erano le tenebre. Non c'era vita. Poco a poco Dio creò tutto: creò la luce perché avessimo il giorno, fece il firmamento ed in esso mise le stelle; creò il cielo e vi collocò le nuvole, l'arcobaleno.

Unì le acque e
le chiamò mare mentre
chiamò il suolo asciutto, terra.
Dio volle che dalla terra nascessero
germogli, erbe e semi. Gli alberi diedero i primi
frutti e Dio vide che era cosa buona. Dio creò i pesci
affinché vivessero nei mari, gli uccelli perché volassero nel
cielo ed il resto degli animali perché camminassero liberi
sulla terra.

La terra era bella, piena di vita e luce. Ma mancava
qualcosa, mancava qualcuno. Per questo Dio disse:
*"Facciamo l'uomo a nostra immagine, secondo la nostra
somiglianza"*, affinché sia libero, felice e custode di tutto
quello che fu creato per lui. Il primo uomo si chiamò
Adamo.

Anche gli angeli furono creati da Dio per essere suoi
messaggeri tra gli uomini. Alcuni angeli però, non
ubbidirono a Dio e si convertirono in angeli cattivi,
tentatori degli uomini. Invece gli angeli buoni, restarono
uniti a Dio.

IL PARADISO TERRESTRE

Genesi 2,8-25

DIO creò Adamo e lo pose in un giardino rigoglioso con alberi, fiumi e fiori. Adamo fu creato libero ed intelligente, plasmato con il fango della terra su cui Dio soffiò il suo alito, per dare ad Adamo vita ed anima.

Nel giardino c'era un albero (l'albero della conoscenza del bene e del male) i cui frutti Adamo non poteva mangiare. Nel paradiso c'era solo Adamo. Tutto era per lui ma non era felice, si sentiva solo.

Allora il Signore lo addormentò, gli tolse una delle costole per creare una donna e quando Adamo si svegliò e vide la donna, se ne rallegrò molto.

Insieme passeggiavano per il giardino dell'Eden e non conoscevano la paura né la malattia. Erano felici. L'albero della conoscenza del bene e del male di cui non potevano mangiare i frutti era sempre lì, nello splendido giardino dell'Eden.

IL PECCATO DI ADAMO ED EVA

Genesi 3,1-22

Un giorno che la donna era sola, le apparve un angelo cattivo in forma di serpente. Questo volle ingannare la donna e le disse:

"È vero che Dio ha proibito a te e ad Adamo di mangiare dell'albero del bene e del male?".

"Sì – rispose la donna –, se mangeremo dei suoi frutti, moriremo".

"Questa è una menzogna – disse il serpente –. Se mangerete questi frutti tanto saporiti, sarete come Dio,

avrete il potere illimitato di conoscere il bene e il male".
Allora la donna mangiò di questi frutti e ne diede anche
ad Adamo, che ne mangiò anch'egli. Così disobbedirono
a Dio. E Dio li cercò per domandar loro: *Che hai fatto?*

Avevano paura e provavano molta vergogna per essere
nudi difronte a Dio. Adamo incolpò la donna, e lei il
serpente. Avevano disobbedito e per questo Dio li punì.
Li cacciò dal paradiso. A partire da quel giorno dovettero
lavorare molto per poter mangiare.

Il seme del male era entrato nei loro cuori ed il
peccato era apparso nelle loro vite.
Nel mondo non c'erano altre
persone che loro due e per
questo Adamo ed Eva
sono diventati i genitori
di tutti gli uomini,
che nascono con
le cicatrici del
peccato commesso
nell'Eden.

CAINO E ABELE
Genesi 4,1-16.25

ADAMO ed Eva ebbero diversi figli e figlie. I primi a nascere furono Caino ed Abele. Abele era pastore di greggi, mentre Caino era lavoratore del suolo. Abele era buono, aveva un cuore generoso ed offriva a Dio i migliori animali del suo gregge.

Il Signore gradì Abele e le sue buone offerte e lo benediceva. Caino invece si lasciò prendere dall'invidia e dall'egoismo, perché Dio non gradiva le sue offerte.

Un giorno, dominato dal male,uccise Abele. Fu il primo omicidio della storia.

Immediatamente il Signore gli domandò: *"Dov'è Abele, tuo fratello?"*. Egli rispose: *"Non lo so. Sono forse io il custode di mio fratello?"*.

In questo modo, Caino venne allontanato da Dio e dalle Sue terre e visse con la paura di essere ucciso.

Adamo ed Eva ebbero un altro figlio, Set, che fu un uomo buono e generoso.

IL DILUVIO
Genesi 6,1-8.13-22

M OLTI anni dopo, gli uomini cominciarono a moltiplicarsi sulla terra, e con loro la malattia, l'egoismo, l'invidia. Il Signore si pentì di aver fatto l'uomo sulla terra e se ne addolorò in cuor suo, ma c'era un uomo giusto, che si chiamava Noè. Egli trovò grazia agli occhi del Signore che lo volle salvare, e gli disse:

Noè, vedo che gli uomini hanno riempito la terra di violenza, odio ed egoismo. Fatti un'arca gigante di legno ed introduci in essa due esemplari di ogni specie animale; porta alimenti per te, i tuoi figli, tua moglie e le mogli dei tuoi figli. Durante quaranta giorni e quaranta notti pioverà molto, diluvierà ed ogni essere vivente sulla terra morirà affogato.

DIO FA UN PATTO CON NOÈ

Genesi 7,1-5.11; 8,7-11

COMINCIÒ a piovere con forza ed intensità. Tutto era coperto d'acqua. Ma smise di piovere a poco a poco ed il livello dell'acqua cominciò a scendere. Apparse la prima terra emersa. Quando Noè e la sua famiglia videro che potevano già toccare terra ferma, aprirono le porte della barca, liberarono gli animali, fecero un altare e benedirono Dio, che li salvò e gli diede una nuova opportunità.

Dio promise a Noè che mai più avrebbe punito la terra a causa dell'essere umano. E disse a Noè e ai suoi figli di tornare ad abitare la terra, coltivando i campi e avendo una discendenza. Mai più ci sarebbe stato un diluvio. L'arcobaleno sarebbe stato il segno e la memoria di questo patto di Dio con Noè.

LA TORRE DI BABELE

Genesi 11, 1-9

I FIGLI di Sem, figlio di Noè, si moltiplicarono ed emigrarono verso le terre d'Oriente. Lì, in una valle molto fertile

decisero di rimanere a vivere e costruirono
una grande torre che arrivava fino al cielo. Erano
orgogliosi e vanitosi, perché volevano avere
l'edificio più alto del mondo. A Dio non piacque
questo atteggiamento e decise di dare loro una
lezione. Dio fece in modo che ognuno parlasse una
lingua diversa. Così non si potevano capire.
Cominciò ad esserci confusione, incomprensioni e
disorganizzazione. Non si comprendevano gli uni
con gli altri. E finirono per abbandonare la
costruzione della torre ed il luogo in cui erano.

ABRAM

Genesi 12, 1-9; 17, 1-16

L'UMANITÀ continuava a non obbedire a Dio, senza accordarsi con Esso. C'era una città chiamata Ur, che era in un paese chiamato Caldea. Qui viveva un uomo buono, che si chiamava Abram. Era sposato e sua moglie si chiamava Sarai.

Un giorno, Dio decise di parlare con Abram per dirgli di abbandonare il suo paese, la sua casa e le sue cose, e di andare nel luogo lontano che Dio gli comandava. Abram obbedì e si mise in marcia. Quando raggiunse un paese chiamato Canaan, Dio gli disse che questa sarebbe stata la terra sua e dei suoi discendenti. Gli promise che sarebbe stato padre di una moltitudine di nazioni e di una numerosa discendenza. Dio gli disse anche: *"Io sarò il vostro Dio e voi sarete il mio popolo. Non ti chiamerai più Abram, ma ti chiamerai Abramo, perché padre di una moltitudine di nazioni... Quanto a Sarài tua moglie, non la chiamerai più Sarài, ma Sara... e re di popoli nasceranno da lei"*

SODOMA E GOMORRA

Genesi 18,16; 19,1.23-26

NELLE città di Sodoma e Gomorra le persone vivevano facendo cose cattive e brutte. Quelli di Sodoma e Gomorra erano molto peccatori e per questo Dio decise di distruggere entrambe le due città. Prima presentò ad Abramo i Suoi piani. Abramo gli chiese di avere compassione, di non distruggerle, che forse c'erano uomini buoni lì.

Lot, il nipote di Abramo, viveva a Sodoma, con la moglie e le due figlie. Degli inviati di Dio gli dissero di lasciare la città con la sua famiglia e di non guardare indietro perché sarebbero diventati statue di sale.

Cominciò a scendere fuoco dal cielo e le due città furono distrutte. Si salvarono Lot e le sue figlie ma Sua moglie che aveva guardato indietro, diventò una statua di sale.

LA FEDE DI ABRAMO È MESSA ALLA PROVA

Genesi 21, 1-7; 22,1-17

ABRAMO e Sara erano anziani, non avevano avuto figli e supponevano di non poterne più avere. Ma Dio gli aveva promesso di diventare genitori di una grande discendenza. Erano perplessi e confusi.

Un giorno Dio disse ad Abramo che entro un anno sua moglie avrebbe avuto un figlio e che si sarebbe chiamato Isacco. Sara esitò e rise della promessa di Dio, ma ciò che Egli aveva promesso si compì e passato un anno nacque il figlio di Abramo e Sara. Furono molto felici e amarono molto il loro figlio.

Una volta Dio andò da Abramo e gli disse che sarebbe andato con Isacco su una montagna e che lo avrebbe offerto in sacrificio. Abramo, pieno di tristezza, obbedì ma quando era sul punto di sacrificarlo, Dio gli disse di non ucciderlo, che la sua fede era stata messa alla prova e che la sua obbedienza a Dio sarebbe stata ricompensata.

"L'angelo del Signore chiamò dal cielo Abramo e disse: ...ti colmerò di benedizioni e renderò molto numerosa la tua discendenza, come le stelle del cielo e come la sabbia che è sul lido del mare"

ISACCO, REBECCA E I SUOI FIGLI

Genesi 25,19.31-34;27,28-29

ISACCO crebbe e si sposò con Rebecca. Furono genitori di due gemelli che chiamarono Esaù e Giacobbe. Esaù nato per primo, era il preferito di suo padre; Giacobbe invece, amava stare in casa ed era il preferito di sua madre.

Essendo Isacco anziano e cieco, chiamò il suo primogenito Esaù per nominarlo suo erede e dargli la sua benedizione, ma egli aveva venduto a Giacobbe per un piatto di lenticchie il suo diritto di erede, e siccome Isacco non vedeva, pensando che Giacobbe fosse il figlio Esaù, lo fece suo erede e lo benedì.

LA SCALA DI GIACOBBE

Genesi 27,42; 28,12-15

IRATO per tutto quello che era accaduto, Esaù promise di uccidere suo fratello Giacobbe che, consigliato da sua madre Rebecca, fuggì da casa verso un luogo chiamato Carran.

Camminò tutto il giorno. All'imbrunire si addormentò profondamente e sognò una scala scala che arrivava al cielo, sulla quale scendevano e salivano degli angeli. Dio, dall'alto della scala, diceva a Giacobbe che sempre lo avrebbe protetto e che avrebbe dato a lui ed alla sua discendenza la terra dove stava dormendo.

I FIGLI DI GIACOBBE
Genesi 35,22b-26; 37,36

GIACOBBE ebbe 12 figli. I loro nomi erano: Ruben, Simeone, Levi, Giuda, Ìssacar e Zàbulon; Giuseppe

e Beniamino; Dan e Nèftali; Gad e Aser. Questi dodici figli di Giacobbe sarebbero diventati, passati alcuni anni, i capi delle tribù che andavano a formare il popolo di Israele.

Un giorno, Giacobbe regalò una bella tunica a Giuseppe, che provocò la gelosia e l'invidia degli altri fratelli. Giuseppe spesso sognava che il sole, la luna e le stelle lo adoravano, e quando egli lo raccontava ai suoi fratelli aumentava in loro l'invidia, tanto che un giorno decisero di ucciderlo. Ruben, suo fratello maggiore, propose di gettarlo in un pozzo e abbandonarlo lì. Alla fine decisero di venderlo a dei commercianti che andavano in Egitto, e a Giacobbe dissero che un animale selvaggio lo aveva ucciso.

GIUSEPPE IN EGITTO

Genesi 39,1-5.18-20;
41,33.37-39

ICOMMERCIANTI che avevano comprato Giuseppe per venti monete d'argento, lo vendettero come schiavo in Egitto. Egli era onesto, servizievole e lavoratore, ed il suo padrone lo nominò amministratore della sua casa e di tutti i suoi beni. La moglie del padrone però mentì dicendo che Giuseppe non si era comportato bene con lei e pertanto fu messo in carcere, in una cella con due uomini, che erano stati al servizio del faraone. Un giorno Giuseppe, interpretando i sogni di questi uomini, disse loro che presto sarebbero usciti dal carcere. E così fu.

Anche il faraone aveva fatto un sogno ma nessuno sapeva interpretarlo. Uno di questi uomini, compagni di cella di Giuseppe, parlò al faraone di come questi interpretasse i sogni, così il faraone lo mandò a chiamare e gli raccontò quello che aveva sognato. Giuseppe gli spiegò il significato dei suoi sogni ed il faraone, vedendo che era onesto e intelligente, lo nominò amministratore di tutto l'Egitto.

GIUSEPPE SI INCONTRA CON I SUOI FRATELLI

Genesi 42,1; 45,28; 46,34

IN Egitto, Giuseppe divenne l'uomo più potente dopo il faraone. Nella terra dove vivevano Giacobbe e gli undici fratelli di Giuseppe ci fu una grande siccità, e questi decisero di andare in Egitto per fare provviste.

Arrivati alla presenza di Giuseppe, essi non si resero conto che era il loro fratello, ma Giuseppe li riconobbe e fece un grande sforzo per non piangere di felicità.

Al principio, Giuseppe trattò con durezza i suoi fratelli, però non poté nascondere il segreto per molto

tempo, rivelò loro chi era, ricordò quello che gli avevano fatto anni prima ma disse che non serbava rancore.

Giuseppe inviò i suoi fratelli a prendere suo padre Giacobbe. Quando Giacobbe fu informato che suo figlio era vivo, fu colmo di felicità. Organizzarono il viaggio e partirono tutti per l'Egitto. Quando stavano per arrivare, Giuseppe gli andò incontro e piangendo di felicità ed emozione, abbracciò suo padre. Giuseppe condusse suo padre ed i suoi fratelli al cospetto del faraone, il quale gli disse che tutta la famiglia si poteva stabilire a Gosen, la regione più fertile dell'Egitto. Così fecero e tutti li trattarono bene.

MOSÈ
Esodo 2,1-15

OCO dopo morì Giacobbe. Morirono anche Giuseppe ed il faraone. Passarono gli anni ed i discendenti di Giacobbe non erano più trattati bene in Egitto, furono resi schiavi e destinati ai lavori più duri e difficili. Il faraone ordinò anche che tutti i neonati maschi, discendenti da Giacobbe, dovevano essere uccisi perché non voleva tanti israeliti in Egitto.

Una donna israelita, che aveva avuto un figlio, per non farlo uccidere dai soldati del faraone, lo mise in una cesta e lo lasciò nel fiume. La corrente del fiume lo portò lontano, fino a che una principessa egiziana trovò la cesta. Prese il bambino e gli diede il nome di Mosè. Questo bambino crebbe nel palazzo del faraone e venne educato come un principe egiziano.

Però Mosè, informato che era israelita, in cuor suo, si rattristò nel vedere come maltrattavano il suo popolo. Un giorno vide che un egiziano picchiava un israelita. Per difenderlo uccise l'egiziano e lo seppellì dove nessuno poteva vederlo ma quando il faraone fu informato, Mosè dovette fuggire.

DIO PARLA A MOSÈ DA UN ROVETO ARDENTE

Esodo 3,1-11

Mosè si stabilì nel deserto di Madian, si sposò e divenne pastore di pecore. Nel frattempo, gli israeliti continuavano a soffrire la fame e la miseria. Seguitavano ad essere schiavi in Egitto. Dio, che non si era dimenticato della promessa che aveva fatto ad Abramo, Isacco e Giacobbe, un giorno, mentre Mosè era con il suo gregge nel monte Oreb, gli parlò da un roveto ardente. La prima cosa che Dio disse a Mosè quando si avvicinò a questo roveto, fu di levarsi le scarpe perché il suolo era sacro.

Dopo gli disse di tornare in Egitto, per portare fuori da questo Paese il popolo di Israele e condurlo nella terra di Canan. Gli ordinò anche di radunare tutto il popolo e dirgli che Dio l'aveva inviato per liberarli.

Mosè aveva dei dubbi: come poteva lui solo liberare tutto il popolo di Israele?

E Dio, sapendo che Mosè aveva dubbi, disse che gli dava dei
poteri per fare miracoli e così dimostrare al popolo di Israele
e al faraone che era stato inviato da Dio Onnipotente.

LE PIAGHE D'EGITTO

Esodo 7-10

Mosè ubbidì e andò in Egitto accompagnato dal fratello Aronne. Si riunirono con i capi di Israele e gli raccontarono quale era il piano di Dio.

Essi ascoltarono, gli credettero, si rallegrarono molto e si riempirono di speranza nel sapere che Dio li amava e che voleva che non fossero più schiavi in Egitto.

Mosè parlò anche con il faraone e gli riferì che parlava da parte di Dio. Gli disse anche che Dio voleva che egli liberasse il popolo di Israele, ma il faraone si arrabbiò, non considerò Mosè e iniziò a trattare gli israeliti ancora più duramente.

Mosè, vedendo che il faraone non lasciava libero il popolo di Israele, lo avvertì che una terribile disgrazia sarebbe caduta sull'Egitto ma il faraone non lo considerò.

Allora, Dio cominciò ad attuare il castigo: le acque dell'Egitto si tramutarono in sangue, sciami di cavallette rasero al suolo tutte le coltivazioni, ci furono malattie che uccisero molti egiziani ma il faraone seguitò a non lasciare liberi gli israeliti.

FUGA DALL'EGITTO

Esodo 11,4-12,22

Mosè allora, vedendo che il faraone non cambiava opinione, lo avvertì che in Egitto sarebbero morti tutti i primogeniti, incluso suo figlio.

Prima che questo accadesse, Mosè aveva detto agli israeliti che, in ogni famiglia, si doveva sacrificare un agnello, con il sangue segnare le porte delle case ed arrostire la carne per mangiarla. Nessuno quella notte doveva restare fuori della sua casa e dovevano tenersi pronti per partire dall'Egitto. E così fu.

Quando si fece notte, cominciarono a morire i primogeniti Egiziani, uomini ed animali ma la morte non entrò nelle case segnate con il sangue dell'agnello.

IL PASSAGGIO DEL MAR ROSSO

Esodo 14,15; 15,21

DAVANTI a tanta disgrazia, il faraone chiese a Mosè e a suo fratello Aronne di portare via dall'Egitto gli israeliti, e questi si sbrigarono a partire e a recuperare la libertà.

Erano molti. Uscirono dall'Egitto ed entrarono nel deserto, accompagnati da Dio che di giorno, con una nube li proteggeva dal sole, e quando scendeva la notte, li illuminava.

Così, camminando, arrivarono fino al mare. Mosè si accorse che il faraone d'Egitto li stava inseguendo con i suoi migliori soldati, e gli israeliti ebbero paura: da un lato c'era il mare e dell'altro venivano i soldati egiziani pronti a catturarli.

Però Mosè stese la mano, cominciò a soffiare un forte vento e le acque del mare si separarono, lasciando una strada asciutta affinché gli israeliti potessero passare dall'altra parte.

I soldati egiziani continuarono ad inseguirli ma quando l'ultimo israelita passò, Mosè tornò a stendere la sua mano e le acque del mare tornarono al loro posto.

Morirono tutti i soldati, i cavalli ed i cavalieri del faraone che stavano attraversando il mare. Mosè ed il suo popolo ringraziarono Dio e lo lodarono per avergli dato la libertà.

I DIECI COMANDAMENTI
Esodo 19,3-6; 20,1-17; 34,29-33

GLI israeliti cominciarono a peregrinare per il deserto. Ogni giorno Dio inviava acqua e cibo. Al principio erano tutti felici, però presto cominciarono a criticare Mosè ed Aronne. C'erano giorni che rimpiangevano quello che mangiavano in Egitto.

Dio ascoltò i loro lamenti e inviò loro uno stormo di quaglie perché mangiassero carne, fece anche comparire la manna sugli arbusti nel deserto, una specie di fiocco di cotone dal sapore di pane.

Qualche volta, il popolo d'Israele veniva attaccato da una tribù straniera Amalecita. Quando gli israeliti si affrontavano con questi li vincevano sempre.

Un giorno Dio chiese a Mosè che salisse il monte Sinai, lì, dopo 40 giorni e 40 notti, ricevette i 10 Comandamenti e tutte le leggi che dovevano governare il popolo d'Israele. Dio gli disse come doveva costruire un tempio e come doveva essere il culto religioso. Gli disse anche come doveva essere l'Arca dell'Alleanza, le sue dimensioni e che dentro di essa doveva conservare il Libro dell'Alleanza e le tavole di pietra con i 10 Comandamenti.

Gli Israeliti nel vedere che Mosè non scendeva dal Monte, pensarono che non tornasse più, e che li avesse abbandonati, dimenticandosi di loro. Decisero allora di fabbricarsi un idolo, un vitello d'oro, per avere qualcuno da adorare.

Ma Mosè scese dal Monte Sinai, con le due tavole di pietra e vedendo che il suo popolo aveva fabbricato un idolo che sostituiva Dio, si arrabbiò, ruppe le tavole con i 10 Comandamenti e distrusse il vitello d'oro.

Anche Dio si disgustò molto, però Mosè gli chiese di avere compassione e misericordia del Suo Popolo.

MUORE MOSÈ

Numeri 20; 27; Deuteronomio 32,48-51

DIO stava conducendo il suo popolo nel deserto da 40 anni, lo voleva portare alla terra che gli aveva promesso; una terra bella, fertile; una terra che produceva latte e miele.

Questa terra promessa era ogni giorno più vicina. Un giorno Dio disse a Mosè di salire su un monte per contemplare questa terra. Dio gli disse anche che dopo averla vista sarebbe morto.

Il fratello di Mosè, Aronne, era già morto da un anno e per questo Mosè pregò Dio che eleggesse un uomo buono e forte per guidare il popolo fino alla Palestina, la Terra Promessa Dio elesse Giosuè, Mosè gli impose le mani e davanti a tutto popolo riunito gli diede l'autorità, il mandato e ringraziò Dio.

Dopo, Mosè salì sul Monte Nebo per contemplare l'ultima volta la Terra Promessa e poi morì.

GIOSUÈ
Giosuè 1,1-4; 6,1-26

PRIMA di entrare nella Terra Promessa gli Israeliti dovevano conquistare alcune città, per questo Giosuè inviò due soldati ad esaminare le difese della città di Gerico ed i suoi dintorni. I due soldati quando ritornarono, gli dissero che Gerico era una città piena di paura e che poteva essere conquistata facilmente.

Passati alcuni giorni, gli Israeliti furono a Gerico. Portavano con loro l'Arca dell'Alleanza ed un gran ottimismo. Durante dieci giorni girarono la città ed i suoi

abitanti avevano molta paura. Quando Giosuè diede l'ordine, gli Israeliti cominciarono a gridare e suonare le trombe. La terra tremò e le mura che circondavano la città crollarono. Gli Israeliti si impadronirono della città, convinti che Dio gliela aveva regalata.

LA CONQUISTA DELLA TERRA PROMESSA

Giosuè 10,16-20

CONQUISTATA la città di Gerico, Giosuè progettò di avanzare verso la Terra Promessa. Per loro era necessario conquistare altre due città: Debir e Gàbaon.

Non fu facile ottenerle, e Giosuè dovette promettere e sostenere alleanze con altri re contrari. Però guidato da Dio, Giosuè sconfisse i suoi nemici e così, gran parte della Terra Promessa fu conquistata.

GEDEONE
Giudici 7-8

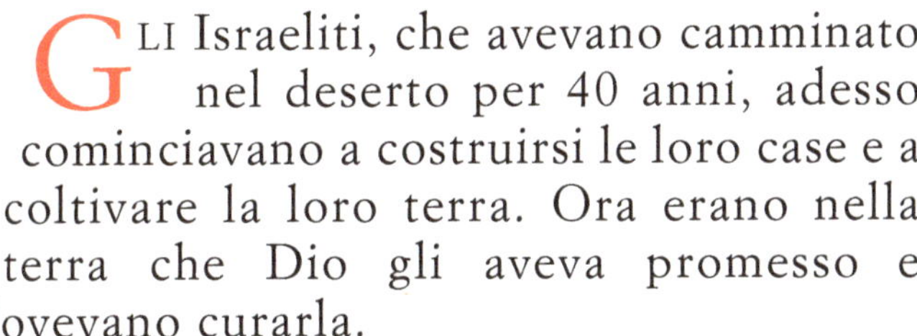

GLI Israeliti, che avevano camminato nel deserto per 40 anni, adesso cominciavano a costruirsi le loro case e a coltivare la loro terra. Ora erano nella terra che Dio gli aveva promesso e dovevano curarla.

Ma non sempre vivevano in pace. Alcune volte, le tribù dei paesi vicini li attaccavano e rubavano le loro proprietà.

Quando gli israeliti si sentivano minacciati, ricorrevano a Dio e lo pregavano chiedendo che li difendesse. Dio gli rispondeva mettendo a capo del loro esercito qualche soldato distaccato, giusto e valente. Questi soldati erano chiamati "giudici". Un giudice famoso fu Gedeone. Fu egli che lottò contro i Madianiti, una di quelle tribù che molestava gli israeliti, e che vinse.

SANSONE

Giudici 13,1-7; 16,26-31

Gli israeliti non furono sempre obbedienti a Dio. Alcune volte si dimenticavano di osservare i suoi comandamenti. I filistei, un popolo guerriero, approfittarono della debolezza degli israeliti, li attaccarono e vinsero.

Per questo Dio scelse Sansone, che aveva molta forza fisica, perché lottasse contro i filistei. E Sansone iniziò questa lotta.

Però sua moglie, che era filistea, lo tradì: lei sapeva che la forza di Sansone era data dai suoi lunghi capelli e per questo, quando egli si addormentò, gli tagliò i capelli indebolendolo. Fu così incarcerato e torturato.

Ma un giorno, quando i filistei erano al tempio, Sansone chiese a Dio che gli facesse ritornare la forza. Appoggiò le mani sulle colonne del tempio e fece crollare tutto l'edificio sopra i filistei. Morirono tutti, anche Sansone, che diede la sua vita affinché gli israeliti fossero liberi.

SAMUELE, L'ULTIMO GIUDICE

1 Samuele 3,1-18; 10,1

SAMUELE, figlio di Anna, aiutava Eli, che era giudice e sommo sacerdote. Una notte, Samuele ascoltò una voce che lo chiamava con il suo nome e, pensando che fosse Eli, gli rispose dicendo: *"Eccomi, Signore"*.

Tornò ad ascoltare la voce che lo chiamava e Samuele tornò a rispondere: *"Parla, Signore, perché il tuo servo ti ascolta"*. Però non era Eli che lo chiamava, ma Dio.

Samuele crebbe e diventò uomo. Il popolo di Israele, che aveva vinto i filistei e aveva recuperato l'Arca dell'Alleanza, voleva avere un re.

Samuele era giudice, ma rinunciò al suo incarico affinché il re eletto da Dio potesse governare il popolo.

Ed il re eletto da Dio era Saul, uomo alto e forte.

Samuele disse alla gente:

"Qui è il vostro nuovo re, obbeditegli".

SAUL,
IL PRIMO RE DI ISRAELE
1 Samuele 9-11; 13;15

Saul fu un re guerriero e vittorioso. Samuele gli consiglio di attaccare gli Amaleciti. Così fece e li vinse. Ma Saul non sempre ubbidì a Dio e in alcune occasioni si comportò come se fosse sommo sacerdote. Questo non piacque a Samuele e nemmeno a Dio, che alla fine lo cacciò.

DAVIDE, IL RE DI ISRAELE
1 Samuele 17,38-51; 2 Samuele 5,1-4

DAVIDE era il figlio minore di Iesse. Quando era bambino, lavorava come pastore di pecore, componeva belle canzoni con le quali diceva a Dio quanto lo amava. Queste canzoni si chiamano salmi. Arrivò a cantarle davanti al re Saul, soprattutto quando questi era triste.

Un giorno, i filistei decisero di attaccare Israele. Uno dei soldati, chiamato Golia, era molto alto, quasi un gigante, e sfidò nella lotta qualche israelita. Davide aveva paura, però essendo valoroso, affrontò Golia. Con una fionda gli lanciò una pietra nella fronte e lo uccise. Davide salvò il popolo di Israele e la sua fama cresceva ogni giorno.

Gionata, che era figlio di Saul, divenne molto amico di Davide.

Il re Saul invidiava la fama e il valore di Davide, e per questo voleva ucciderlo, ma Gionata lo aiutò a scappare dalla furia di suo padre, il re.

Con il tempo Saul, e suo figlio Gionata morirono combattendo contro i filistei, e Davide fu proclamato re d'Israele. Egli voleva vivere e governare il suo paese da Gerusalemme, ma questa città era abitata dai Gebusei. Davide conquistò questa città e portò lì l'Arca dell'Alleanza. In questo modo, la città di Gerusalemme divenne il centro politico e religioso di Israele.

DAVIDE REGNA IN GERUSALEMME

2 Samuele 8,15; 1 Cronache 18,14-17

COME re, Davide vinse i filistei e firmò la pace con le altre nazioni. Infine, la promessa che Dio fece ad Abramo era compiuta pienamente: Israele era il padrone della Terra Promessa.

Davide era un buon re e realizzava la volontà di Dio, ma un giorno fece un grande errore: si innamorò di Betsabea, sposa di un generale dell'esercito d'Israele. Davide lo mandò al fronte in una battaglia difficile affinché morisse e potersi sposare con Betsabea. Questo grande peccato di Davide gli procurò molte inquietudini e dolori, ed uno di questi fu che suo figlio Assalonne, morì in una battaglia.

SALOMONE
1 Re 1,1-4; 1,38-41

QUANDO Davide divenne anziano, sapeva che uno dei suoi figli doveva diventare re, e l'eletto fu Salomone.
Il profeta Natan lo consacrò come re. Era un sovrano saggio e molto giusto.

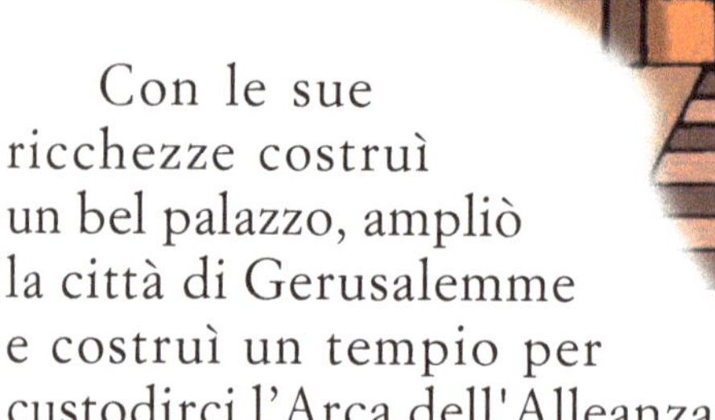

Con le sue ricchezze costruì un bel palazzo, ampliò la città di Gerusalemme e costruì un tempio per custodirci l'Arca dell'Alleanza.

Con Salomone come re Israele crebbe e ci fu molta ricchezza, ma col tempo, Salomone si allontanò da Dio e costruì dei templi ad altri idoli pagani.

Per questo egli non fu più benedetto da Dio, e senza l'aiuto di Dio, Israele si divise. Salmanàssar, re d'Assiria, conquistò Israele e portò i suoi abitanti come schiavi e prigionieri.

ELIA E ELISEO

1 Re 17,1-6; 19,19-21

AL tempo del re Acab visse il profeta Elia. Acab era un re che offendeva molto Dio, per questo Elia si presentò a lui e gli annunciò da parte di Dio che un grande castigo sarebbe caduto sul paese e che una grande siccità avrebbe danneggiato le coltivazioni.

Acab fece perseguire Elia il quale si dovette nascondere, ma tre anni dopo tornò a presentarsi ad Acab.

Lì Elia dimostrò che il vero Dio è uno e non si può paragonare ad altri dei, poi portò a termine tutti gli incarichi che Dio gli aveva dato. Cercò Eliseo perché fosse profeta come lui. Un carro di fuoco, trainato da cavalli di fuoco portò Elia in cielo, ed il potere passò ad Eliseo, che fu un uomo santo e un gran profeta. Percorse tutto Israele facendo miracoli, consigliando i re e predicando la bontà di Dio.

DISTRUZIONE DI GERUSALEMME. L'ESILIO

2 Re 23,28-24,7

ESSENDO Giosia re della Giudea, il faraone Necao chiese il permesso per passare nel suo territorio per affrontare gli Assiri, ma Giosia negò il permesso e lo affrontò in battaglia. Morì ed il faraone mise Ioiakìm come re della Giudea, costringendolo a pagargli molti tributi. Per farlo, Ioiakìm, pretese dal popolo grandi quantità di oro e d'argento.

Approfittando di questa situazione, Nabucodònosor, re di Babilonia, si impadronì della Giudea e cacciò dal paese molti giudei.

Dopo alcuni anni, Nabucodònosor conquistò Gerusalemme, distrusse la città, gli diede fuoco e tutti gli abitanti furono deportati in Babilonia.

ISAIA

Isaia 6,8-10; 7,14-17

IL profeta Isaia predicò tra gli anni 742 e 677 avanti
Cristo. Un giorno sognò che Dio chiedeva: *"Chi
manderò e chi andrà per noi?"*. Immediatamente, Isaia
si alzò e disse a Dio: *"Eccomi, manda me!"*. E così fu.
Isaia iniziò a predicare senza riposarsi, a combattere
la menzogna, la falsità ed i peccati del popolo.
In tutta la sua vita spiegò quale era la volontà
di Dio e difese il popolo dall'idolatria. Isaia
affermava che una vergine avrebbe dato
alla luce l'Emmanuele, che significa
"Dio con noi".

GEREMIA
Geremia 1,4-10

QUANDO Geremia era ancora un giovanetto, Dio gli parlò e gli disse che era stato eletto prima che si formasse nel ventre di sua madre. Geremia non capiva quello che Dio gli stava dicendo e si oppose a questa decisione, poiché era ancora un ragazzo e non sapeva parlare in pubblico.

Ma Dio gli disse: *"Tu andrai da tutti coloro a cui ti manderò e dirai tutto quello che io ti ordinerò... Ecco, io metto le mie parole sulla tua bocca"*. E Geremia cominciò a predicare nel tempio e in ogni angolo di Gerusalemme. Fu profeta tra gli anni 627 e 587 avanti Cristo e fu costretto a vedere come Nabucodònosor conquistava Gerusalemme e distruggeva il Tempio. Era sempre al fianco dei poveri, e morì in Egitto.

I DEPORTATI

NABUCODÒNOSOR deportò quasi tutti gli israeliti. Furono molto pochi quelli che restarono in Gerusalemme e nelle terre vicine. Tutti i deportati sognavano di ritornare un giorno in Israele per ricostruire la loro vita e quella del loro paese.

Alcuni di loro furono famosi, come Daniele, che interpretò i sogni di Nabucodònosor, o come Ester, che vedendo che il suo popolo era destinato allo sterminio, fu coraggiosa e intercedette affinché non accadesse nulla di male ai giudei.

EZECHIELE
Ezechiele 1,1-3; 33,7-9

EZECHIELE fu deportato con la sua famiglia in Babilonia. Dio lo chiamò perché fosse suo profeta. Predicava che si dovevano lasciare i vizi, che non si poteva continuare a peccare in questo modo e che andavano aiutati i poveri. Ezechiele invitava tutti a pentirsi e che tornassero a compiere la volontà di Dio, che è l'unico Dio di Israele, suo pastore e guida.

*"Io guardai,
ed ecco, una mano
tesa verso di me
teneva un rotolo..."*
Ezechiele 2,9

GIONA

Giona 2,1-11; 4,9-11

Dio disse al profeta Giona che doveva andare a predicare a Ninive, affinché i suoi abitanti si pentissero di essere tanto peccatori.

Giona non obbedì a Dio e si imbarcò per un viaggio all'altra sponda del mare. Ci fu una grande tempesta ed i marinai della nave nella quale viaggiava Giona lo gettarono nel mare perché sapevano che questa tempesta era un castigo per la sua disobbedienza.

Un grande pesce mangiò Giona, che rimase tre giorni nel suo ventre, e trascorso questo tempo, il pesce rigettò Giona vicino la spiaggia. Allora Dio tornò a dirgli la stessa cosa, e questa volta Giona si recò a Ninive e predicò dicendo agli abitanti che se continuavano a peccare, la città sarebbe stata distrutta. Gli abitanti credettero a Giona e si pentirono. E Dio non li castigò, né distrusse questa città.

GIOBBE

Giobbe 1,1-22; 42,10-17

GIOBBE era un uomo molto ricco che viveva nel paese di Us. Aveva tre figlie e sette figli. Era buono, caritatevole con i poveri e molto felice. Il demonio disse a Dio che Giobbe era tanto buono perché aveva le ricchezze ed una buona famiglia.

Un giorno Giobbe perdette tutti i suoi beni e morirono i suoi figli, ma continuava a lodare Dio. Allora il diavolo disse a Dio che Giobbe continuava a benedirlo perché era sano e vivo. Dio permise che una terribile infermità avrebbe colpito Giobbe, a questo punto sua moglie gli consigliò di maledire Dio, ma Giobbe non lo fece, si mantenne fedele a Dio, e disse:

"Se accetto il bene di Dio, perché non devo accettare il dolore e la sofferenza?"

Dio vide che Giobbe era un uomo di molta fede e molto fedele. Gli disse che il male e il dolore sono un mistero e che doveva sempre confidare in Dio.

Giobbe accettò il male e il dolore nella sua vita, nonostante egli si era sempre comportato bene. Diede sempre grazie a Dio, recuperò la sua salute, ebbe altri figli e tornò ad essere ricco.

RUT
Rut 3,1-6; 4,13-16

ELIMÈLEC e sua moglie Noemi avevano due figli. Emigrarono a Moab perché una grande siccità non fece più produrre frutti alla terra. Avevano fame. I figli di Elimelec e di Noemi si sposarono con due donne moabite. Si chiamavano Orpa e Rut. Qualche anno dopo morì Elimèlec e i suoi figli. Noemi disse a Rut e a Orpa che se ne tornava al paese di suo padre, e Rut volle andare con lei. Si misero in cammino e arrivarono a Betlemme. Non avevano niente ed erano molto povere. Rut, per procurarsi da mangiare, lavorava duro in un campo di proprietà di Booz. Con il tempo Booz sposò Rut ed ebbero un figlio che chiamarono Obed, che più tardi sarebbe stato il nonno del re Davide

"...dove andrai tu, andrò anch'io, e dove ti fermerai, mi fermerò; il tuo popolo sarà il mio popolo e il tuo Dio sarà il mio Dio"
Rut 1,16

GIUDITTA
Giuditta 8,1-8; 13,1-10

OLOFERNE era un potente generale assiro. Il suo esercito non aveva paura e vinceva in tutte le battaglie. Gli unici che gli si opposero e gli fecero fronte furono gli israeliti. Essi non volevano che questo generale conquistasse e distruggesse la bella città di Gerusalemme.

Giuditta, una donna vedova che amava Dio, decise di fare qualche cosa per difendere Gerusalemme dall'attacco di Oleferne. Con un inganno si presentò a lui e fu invitata a cena con il generale ed i suoi soldati.

Il vino e il cibo fecero male ad Oleferne e ai soldati, tanto da morire, e Giuditta fu festeggiata da tutti gli abitanti della città di Gerusalemme.

TOBIA
Tobia 3,7-16

Tobi, già anziano, era diventato cieco. Era un israelita buono e giusto che faceva sempre del bene ed era misericordioso con i più poveri e bisognosi. Anna, sua moglie, lo accompagnava sempre. Aveva un figlio che si chiamava Tobia.

Un giorno Tobi disse a suo figlio Tobia che doveva viaggiare lontano, nella regione di Media, per recuperare del denaro che gli dovevano dei familiari. Il giovane Tobia cominciò il suo viaggio accompagnato dall'angelo Raffaele, che lo guidò e gli mostrò il cammino che doveva seguire per arrivare a Media.

Lungo il cammino si incontrarono con Sara, una giovane che era posseduta dallo spirito del male. I due, Tobia e Raffaele, la liberarono e Sara e Tobia si sposarono, recuperarono il denaro che suo padre aveva prestato e ritornarono alla terra nella quale Tobi ed Anna li stavano aspettando. Ebbero felicità e pace quando l'angelo Raffaele curò la cecità di Tobi. Dio è sempre misericordioso e buono con noi, e per questo dobbiamo essere caritatevoli e generosi con gli altri, con la nostra famiglia e con i più poveri e bisognosi.

I GIUDEI RITORNANO NELLA LORO TERRA

Esdra 1,5-6, Neemia 2,1-6; 6,15

CIRO, il re di Persia, permise ai giudei, dopo 60 anni di vita nel deserto, di tornare nella loro terra e ricostruire nuovamente il loro paese e fare un nuovo Tempio. Con Zorobabele come governatore e Giosué come sommo sacerdote, si misero in marcia verso il loro paese disposti ad organizzare lì la loro nuova vita.

Esdra, che era un uomo fedele a Dio e studioso della Legge di Mosé, andò in Palestina ad insegnare ai giudei come dovevano comportarsi, quali erano i comandamenti che Dio chiedeva di rispettare e come dovevano lodare e benedire Dio.

Anche Neemia era a Gerusalemme per costruire la muraglia che circondava la città.

Esdra e Neemia furono aiutati da Artaserse, re di Persia, affinché potessero andare a Gerusalemme e collaborare alla sua costruzione e al suo restauro.

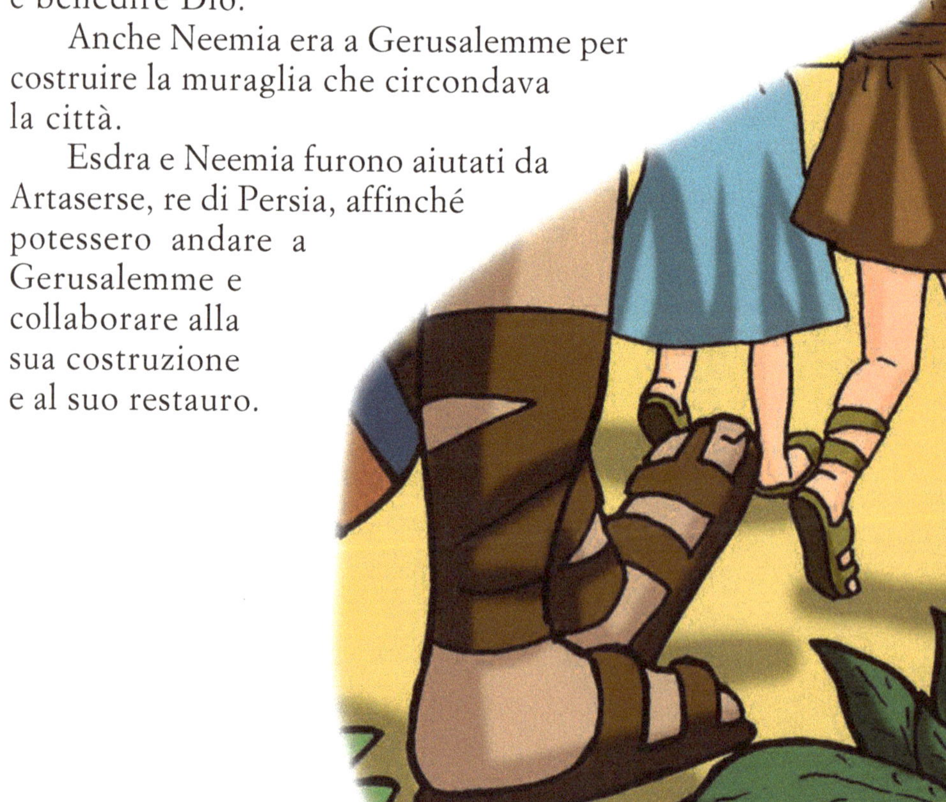

I FRATELLI MACCABEI

1 Maccabei; 2 Maccabei

NELL'ANNO 169 avanti Cristo, il re Antioco IV Epifanio passò per Gerusalemme. Distrusse la città ed uccise molti dei suoi abitanti. Inoltre, ordinò che tutti dovevano abbandonare le loro leggi e la loro religione ed accettare solo quello che egli proponeva. Alcuni cedettero, ma altri furono fedeli alla volontà di Dio e non abbandonarono la loro fede né le loro pratiche religiose.

Ci furono sette fratelli che, nonostante furono maltrattati, percossi e torturati, non cedettero alla brutalità del re e rimasero fedeli a Dio. Ed un altro che si oppose agli ordini del re fu Mattia, che era sacerdote ed aveva cinque figli. Egli formò un gruppo di seguaci e con loro ed i suoi figli andò in montagna, disposto a lottare per mantenere la legge di Dio.

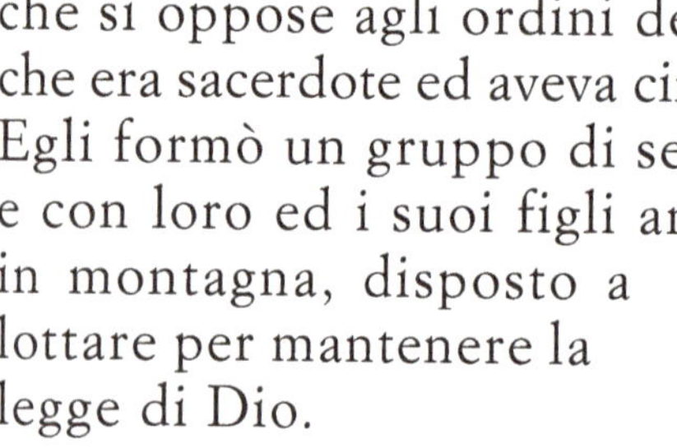

NUOVO
TESTAMENTO

Il Nuovo Testamento

IL Nuovo Testamento è formato da quattro Vangeli, gli Atti degli Apostoli, le Lettere e l'Apocalisse. Tutti hanno un obiettivo comune: *annunciare che Gesù di Nazareth è Dio, che visse e morì per salvarci e che già siamo salvati perché Egli risuscitò.* Questa è la grande notizia. E la parola Vangelo significa proprio "Buona Novella".

Il Nuovo Testamento non sostituisce l'Antico, al contrario, lo afferma e chiarisce il suo vero senso in Gesù Cristo.

Dopo che Gesù salì al cielo e, nel giorno della Pentecoste, inviò lo Spirito Santo, e gli apostoli si resero conto che era necessario mettere per iscritto tutte le esperienze e i ricordi che avevano di Gesù, che con lui avevano vissuto e che avevano ascoltato.

E così furono scritti i Vangeli. Ognuno è diverso, però tutti parlano dello stesso argomento: di Gesù Cristo, del Nostro Salvatore, dell'amore che Dio ha per noi e di quanto ci cura. Potrete scoprire questa "Buona Novella di Gesù" mentre leggerete e contemplerete questi brani del Nuovo Testamento che con cura abbiamo preparato per Voi.

L'ANNUNCIAZIONE
Luca 1,26-38

L A Galilea era una provincia d'Israele. In essa c'era un paese chiamato Nazareth, dove viveva una giovinetta che si chiamava Maria, che era promessa a Giuseppe.

Un giorno Dio inviò l'angelo Gabriele perché si presentasse a Maria e le dicesse che era stata scelta, tra tutte le altre donne, per essere la mamma del Messia.

Maria rimase molto sorpresa: non era sposata, come poteva essere la Madre di Dio?

L'angelo le disse che non si doveva preoccupare, che avrebbe concepito nel suo seno il Figlio di Dio, e che questo figlio si sarebbe chiamato Gesù. Le disse anche, che per Dio nulla è impossibile, per questo anche sua cugina Elisabetta, che era anziana, avrebbe concepito un figlio.

Maria rispose dicendo: *"Ecco la serva del Signore: avvenga per me secondo la tua parola"*.

MARIA VISITA LA CUGINA ELISABETTA

Luca 1,39-56

QUANDO l'angelo le disse che anche sua cugina Elisabetta era incinta, Maria immaginò che avesse bisogno di aiuto e piena di felicità, preparò le sue cose per iniziare il viaggio fino alla città di Ain Karem. Lì viveva Elisabetta e suo marito Zaccaria.

Quando si incontrarono, le due si abbracciarono e si raccontarono con felicità la grande notizia: tutte e due sarebbero diventate madri. Elisabetta avrebbe avuto un figlio che avrebbe chiamato Giovanni, il quale con gli anni

avrebbe predicato alle persone che il Messia, Gesù, il figlio di Maria, si sarebbe presentato a loro. Maria ed Elisabetta lodarono Dio e lo benedirono per la sua grande bontà e misericordia, perché compiva sempre le sue promesse.

GIUSEPPE
Matteo 1,18-25

COME Maria domandò all'angelo come poteva essere lei la madre del Messia, senza ancora essere sposata con Giuseppe, anche lui, Giuseppe, si faceva la stessa domanda. Egli non dubitava della fedeltà della sua promessa sposa, però era un po' preoccupato.

Mentre dormiva, un angelo gli apparve in sogno e gli disse di non preoccuparsi, che il figlio che Maria portava nel suo seno era Figlio di Dio, che gli doveva mettere il nome di Gesù e che doveva stare tranquillo perché tutto quello che stava succedendo era opera dello Spirito Santo.

Giuseppe fu molto felice della notizia. Accettò Maria ed il bambino e visse amandoli con tutta la sua forza.

NASCE GESÙ, IL SALVATORE DEL MONDO

Luca 2,1-20

DA Nazaret, Giuseppe e Maria dovettero andare a Betlemme per farsi registrare nel censimento che l'imperatore Cesare Augusto aveva ordinato, ma per questa ragione, Betlemme era piena di gente e Giuseppe non trovò un alloggio.

Allora Giuseppe portò sua moglie in una grotta, e mentre stavano in questo luogo, Maria diede alla luce Gesù. Non avendo altro posto dove andare, Maria lo avvolse con un panno e lo mise in una mangiatoia. Non aveva altra cosa.

Lì vicino c'erano dei pastori ai quali un angelo annunciò la nascita di Gesù, il Messia, il salvatore del mondo. Disse loro che lo avrebbero trovato deposto in una mangiatoia, ed immediatamente i pastori andarono nel luogo ad adorare il Bambino-Dio.

I MAGI D'ORIENTE
Matteo 2,1-23

ALCUNI magi d'Oriente si avvicinarono a Gerusalemme a chiedere dove si trovava il nascituro re dei Giudei. Avevano visto nel cielo una stella che annunciava la sua nascita e volevano sapere in quale luogo si trovava il bambino. Erode che era re in quella epoca, si agitò molto quando seppe che un nuovo re gli poteva togliere il trono, parlò allora con i magi e gli disse che quando avrebbero verificato dove si trovava il bambino, glielo avrebbero dovuto comunicare per andare ad adorarlo.

I Magi però sapevano che Erode non voleva adorare il Bambino, ma ucciderlo, e non gli diedero ascolto. Arrivarono dove era il bambino, lo adorarono e gli regalarono oro, incenso e mirra.

"Ecco, la vergine concepirà e darà alla luce un figlio: a lui sarà dato il nome di Emmanuele, che significa Dio con noi".

Matteo 1,23

FUGA IN EGITTO
Matteo 2,13-15

ERODE era molto arrabbiato e voleva uccidere Gesù. Per assicurarsi che non restasse vivo, mandò ad uccidere tutti i bambini fino ai due anni di vita, ma Gesù si salvò perché un angelo avvisò Giuseppe dicendogli di andare in Egitto con Maria e il bambino. Passati due anni di esilio, la Sacra Famiglia ritornò a Nazaret.

GESÙ TRA I DOTTORI

Luca 2,40-52

GESÙ crebbe a Nazaret. Come tutti i bambini giocava e aveva amici, era obbediente e faceva quello che Maria e Giuseppe gli chiedevano.

Come tutti gli anni, quando si avvicinava il giorno di Pasqua, Giuseppe, Maria e Gesù si recarono a Gerusalemme.

Gesù aveva già dodici anni, e secondo le usanze giudee, era adulto: aveva diritti e doveri da compiere.

Di ritorno a Nazaret, Maria e Giuseppe si resero conto che Gesù non era con loro. Si preoccuparono, tornarono a Gerusalemme e lo trovarono nel tempio che parlava con i dottori della legge. Maria e Giuseppe gli domandarono perché era rimasto lì e non era ritornato con loro a casa, e Gesù rispose che egli doveva stare anche nella casa di suo Padre, di Dio.

Ritornarono insieme a Nazaret.

Gesù vivrà lì fino ai trenta anni, lavorando e apprendendo il mestiere di suo padre.

GIOVANNI IL BATTISTA
Luca 1,5-25; Matteo 3,3-12

QUANDO nacque Giovanni, suo padre Zaccaria sapeva che il figlio sarebbe stato profeta dell'Altissimo e che avrebbe predicato al popolo di Israele annunciando l'arrivo del Regno di Dio. E così fu. Giovanni crebbe, si ritirò nel deserto a pregare e a prepararsi al suo compito. Dopo se ne restò vicino al fiume Giordano. Faceva una vita molto povera e predicava che era necessario il pentimento perché il Regno di Dio e il Messia erano vicini.

"Voce di uno che grida nel deserto: preparate la via del Signore, raddrizzate i suoi sentieri"

Matteo 3,3

GIOVANNI BATTEZZA GESÙ
Matteo 3,13-17

UNA delle cose che Giovanni predicava era che il Messia era vicino, che il Regno di Dio era già dentro di noi. Giovanni battezzava e ricordava anche a tutti quelli che lo ascoltavano che egli non era il Messia, che egli battezzava con acqua, ma che il Messia avrebbe battezzato con lo Spirito Santo.

Un giorno, Gesù si recò dove stava Giovanni chiedendo di essere battezzato. Giovanni, che sapeva che Gesù era il Messia, gli disse che era lui che doveva essere battezzato da Gesù. Ma Gesù insistette e Giovanni lo battezzò.

Immediatamente si sentì una voce dal cielo che diceva, riferendosi a Gesù:

*"Questi è il Figlio mio,
l'amato:
in lui ho posto
il mio compiacimento".*

GESÙ VIENE TENTATO

Matteo 4,1-11

DOPO il suo battesimo, Gesù si ritirò nel deserto a pregare e a digiunare. Lì stette per quaranta giorni. Era solo, affamato e senza niente.

Il demonio approfittò di questa situazione per tentarlo: gli disse che se era Figlio di Dio, poteva tramutare le pietre in pane per saziare la sua fame; gli disse anche che se era Figlio di Dio, poteva gettarsi da una torre perché non gli sarebbe successo niente. Gesù non si fece dominare dal diavolo, gli rispose con forza e lo scacciò. Ma il demonio seguitò tentandolo e gli disse che se lo avesse adorato, gli avrebbe dato tutta la ricchezza del mondo. Però Gesù gli rispose: *"Vattene, Satana! Sta scritto infatti: il Signore, Dio tuo, adorerai: a lui solo renderai culto"*.

I PRIMI DISCEPOLI DI GESÙ

Matteo 4,18-22; Luca 5,1-11;
Giovanni 1,35-51; Marco 8,31-38

DOPO aver vinto le tentazioni, Gesù andò in Galilea. Egli sapeva che le persone vivevano oppresse, soprattutto le più povere ma che nei loro cuori avevano una speranza: che il Regno di Dio annunciato già nell'Antico Testamento si facesse realtà.

E Gesù cominciò ad annunciare l'arrivo di questo regno, iniziò a dimostrare che nella sua persona si manifestava Dio, che è padre pietoso, misericordioso e salvatore.

Un giorno, mentre Gesù passava vicino al lago di Galilea, vide due fratelli che stavano pescando. Si chiamavano Simone ed Andrea. Li chiamò e li invitò a seguirlo ed accompagnarlo sempre. Essi immediatamente obbedirono e si unirono a Lui.

Poco dopo si incontrarono con Giacomo e suo fratello Giovanni. Anche loro erano pescatori e stavano preparando le reti per uscire a pescare. Anche loro obbedirono a Gesù e seguirono i suoi passi.

LE NOZZE DI CANA
Giovanni 2,1-11

VICINO a Nazaret si celebrava un matrimonio. Gesù, i suoi discepoli e Maria furono invitati e la festa si celebrò con gioia, però quasi alla fine, si resero conto che era finito il vino. Maria, sempre attenta alle necessità degli altri, lo disse a Gesù, e a quelli che servivano al banchetto disse di fare quello che Gesù indicava loro. Gesù obbedì a Maria ed ordinò che si riempissero tutte le giare con l'acqua. Quando i servitori andarono a controllare, notarono che l'acqua si era tramutata in vino di buona qualità.

"Questo, a Cana di Galilea, fu l'inizio dei segni compiuti da Gesù; egli manifestò la sua gloria e i suoi discepoli credettero in lui".
Giovanni 2,11

"Qualsiasi cosa vi dica, fatela".
Giovanni 2,5

GESÙ CACCIA DAL TEMPIO I VENDITORI

Giovanni 2,13-22

QUANDO si avvicinava la festa della Pasqua, i giudei dovevano andare a Gerusalemme.

Nel tempio di questa città si offrivano sacrifici di animali: buoi, pecore e colombe. Questi animali non si potevano comprare con la moneta romana, ma con quella giudea, per questo vicino al tempio c'erano sempre i venditori d'animali e coloro che cambiavano il denaro romano con quello giudeo. Il Tempio sembrava un mercato e non un luogo di preghiera.

Gesù, come buon giudeo, era a Gerusalemme per celebrare la Pasqua. Si avvicinò al tempio e vide come commerciavano dentro la casa di Dio.

Scacciò dal luogo quelli che vendevano animali e gettando in terra il denaro dei cambiamonete, disse loro: *"Portate via di qui queste cose e non fate della casa del Padre mio un mercato"*.

GESÙ E LA SAMARITANA

Giovanni 4,1-42

IN cammino per la Galilea, Gesù passò per Samaria, una regione d'Israele. Faceva caldo e Gesù sedette a riposare vicino ad un pozzo mentre i suoi discepoli andavano a cercare qualche cosa da mangiare. Una donna samaritana si avvicinò al pozzo dove stava Gesù per cercare acqua. Gesù le parlò e le chiese un poco di acqua per calmare la sete.

Mentre conversavano, Gesù disse alla donna che egli poteva darle altro di meglio che l'acqua. Le poteva dare la felicità, le poteva dare una vita con Dio. La samaritana credette a Gesù e andò a dire ai suoi amici che aveva conosciuto un grande profeta. Anch'essi credettero fermamente che Gesù era il Messia.

LA PESCA MIRACOLOSA
Luca 5,1-11

SIMONE ed Andrea erano pescatori. Anche Giacomo e Giovanni. Avevano pescato tutta la notte, però non avevano preso molti pesci.

Gesù era sulla spiaggia, predicando alla gente ed erano molti quelli che stavano intorno a Lui. Per questo chiese a Simone che gli prestasse la barca e che la allontanasse un poco dalla riva così da lì poteva predicare a più persone.

Quando terminò di predicare, chiese a Simone e ad Andrea che andassero nelle acque più profonde e tirassero le reti. Essi ricordarono a Gesù che avevano pescato tutta la notte senza prendere niente ma obbedirono e lanciarono le reti.

Miracolosamente la pesca fu tanto grande che le reti quasi si rompevano e dovettero chiamare Giacomo e Giovanni per essere aiutati.

Simone, comprendendo chi era Gesù, si inginocchiò davanti a Lui e gli disse: "*Signore, allontanati da me, perché sono un peccatore*". Gesù gli rispose: "*Non ti preoccupare, da oggi sarai pescatore di uomini*".

In questo giorno Gesù chiamò Simone, Andrea, Giacomo e Giovanni e chiese loro di seguirlo. Essi lasciarono tutto e seguirono Gesù.

GESÙ PERDONA E GUARISCE UN PARALITICO

Marco 2,1-12

Un giorno Gesù era in una casa a predicare. C'erano molte persone ad ascoltarlo. Quattro uomini si avvicinarono a questa casa, portando un loro amico paralitico in una lettiga. Non potevano entrare dalla porta perché c'erano molte persone, salirono allora sulla terrazza della casa, fecero un buco e calarono il loro amico fin dove stava Gesù.

Vedendo la grande fede che questi uomini avevano, disse al paralitico: "*Ti sono perdonati i peccati*". I fedeli che stavano ascoltando Gesù si scandalizzarono delle sue parole, tenendo presente che solo Dio perdona i peccati, ma Gesù conosceva quello che i farisei pensavano e disse: "*Che cosa è più facile: dire al paralitico 'Ti sono perdonati i peccati', oppure dire 'Alzati, prendi la tua barella e cammina?' Ora, perché sappiate che il Figlio dell'uomo ha il potere di perdonare i peccati sulla terra, dico a te – disse al paralitico –: alzati, prendi la tua barella e va' a casa tua*". Il paralitico obbedì e tornò a casa sua camminando.

GESÙ SCEGLIE I 12 APOSTOLI

Matteo 10,5-42

Gesù sapeva che la sua missione in terra era portare la Buona Novella a tutti gli esseri umani affinché tutti si salvassero. Per questo sapeva che doveva scegliere alcuni uomini perché lo aiutassero quando Egli non sarebbe più stato su questa terra.

Per vedere con chiarezza quali dovevano essere eletti, si allontanò dal rumore della gente per passare tutta la nottc in preghiera e intimità con suo Padre del cielo. All'alba, chiamò i suoi discepoli. E tra essi ne scelse dodici. I loro nomi erano: Simon Pietro, Andrea, Giacomo e Giovanni, Filippo, Bartolomeo, Matteo, Tommaso, Giacomo di Alfeo, Simone il cananeo, Giuda Taddeo e Giuda Iscariota, quello che più tardi lo tradirà.

A Tutti loro disse che non si dovevano preoccupare per il denaro, e di ricordare di essere come pecore tra i lupi e che sarebbero stati perseguitati e maltrattati. Li assicurò anche che quello che avrebbero ricevuto era come se fosse dato a Gesù.

LE BEATITUDINI
Matteo 5,1-12

ERANO molte le persone della Giudea, Gerusalemme, Tiro e Sidone che seguivano Gesù e volevano ascoltarlo. Gesù salì su un piccolo monte e da lì parlò alla moltitudine. E disse:

"Beati i poveri in spirito,
perché di essi è il regno dei cieli.
Beati quelli che sono nel pianto,
perché saranno consolati.
Beati i miti,
perché avranno in eredità la terra.
Beati quelli che hanno fame e sete della giustizia,
perché saranno saziati.
Beati i misericordiosi,
perché troveranno misericordia.
Beati i puri di cuore,
perché vedranno Dio.
Beati gli operatori di pace,
perché saranno chiamati figli di Dio.
Beati i perseguitati per la giustizia,
perché di essi è il regno dei cieli...".

Disse loro anche che dovevano amare tutti, compreso i loro nemici, e che dovevano pregare per quelli che li perseguitavano. Chiese loro di perdonare sempre gli altri, che fossero generosi e che facessero opere buone, perché nell'essere così, servono Dio. Tutte queste cose Dio le disse con autorità e pieno di amore.

LA MOLTIPLICAZIONE DEI PANI E DEI PESCI

Giovanni 6,1-15

GESÙ ed i suoi apostoli si ritirarono nella regione di Betsaida. Avevano lavorato molto e volevano riposare un poco, ma la gente lo seguiva e voleva stare al suo fianco. La sera avanzava e la moltitudine delle persone non lasciava Gesù. I discepoli gli dissero di congedarli affinché, prima di andare alle loro case, potessero comprare qualche cosa da mangiare. E Gesù rispose: *"Dove potremo comprare il pane perché costoro abbiano da mangiare"*.

Uno degli apostoli, chiamato Andrea, gli disse: *"C'è qui un ragazzo che ha cinque pani d'orzo e due pesci; ma che cos'è questo per tanta gente?"*.

Gesù chiese di avvicinargli questo ragazzo e comandò che tutti si sedessero sul prato. Erano cinque mila uomini, oltre le donne ed i bambini. Diede grazie a Dio, lo benedì e ordinò che si dividesse il cibo. Bastò per tutti e rimasero dodici ceste pieni di cibo.

"IO SONO IL PANE DELLA VITA"

Giovanni 6,22-71

GESÙ dice alla gente che lo segue che non si devono preoccupare molto per il pane materiale che si mangia tutti i giorni, ma per il pane che scende dal cielo. Nell'udirlo, le persone pensarono che si stava riferendo alla manna che Mosè ed il suo popolo mangiarono nel deserto.

Però Gesù disse che non si riferiva a questo pane. Si riferiva a se stesso, perché Egli era il pane disceso dal cielo. Se avessero mangiato del suo pane, avrebbero vissuto per sempre e sarebbero risuscitati alla fine dei tempi.

La gente pensava che Gesù gli stava dicendo che dovevano mangiare la sua carne e bere il suo sangue, ma non era così. Gesù stava parlando dell'Eucarestia nella quale Egli si dà a tutti in forma di pane e vino.

Qualcuno non comprese queste parole e si allontanò da Gesù, ed Egli domandò ai suoi apostoli: *"Volete andarvene anche voi? Gli rispose Simon Pietro: Signore, da chi andremo? Tu hai parole di vita eterna e noi abbiamo creduto e conosciuto che tu sei il Santo di Dio"*.

TU SEI PIETRO E SU DI TE EDIFICHERÒ LA MIA CHIESA

Matteo 16,13-20

UN giorno Gesù domandò ai suoi apostoli cosa diceva la gente di lui. Essi gli dissero che alcuni affermavano che era Elia, il profeta; altri dicevano che era Giovanni Battista ed altri che era Geremia. E Gesù domando ai suoi apostoli: "*Ma voi, chi dite che io sia?*". Pietro, pieno dello Spirito Santo, rispose: "*Tu sei il Cristo, il Figlio vivente*".

Gesù vedendo che Pietro aveva compreso, gli disse: "*Tu sei Pietro e su questa pietra edificherò la mia Chiesa e le potenze degli inferi non prevarranno su di essa. A te darò le chiavi del regno dei cieli: tutto ciò che legherai sulla terra sarà legato nei cieli, e tutto ciò che scioglierai sulla terra sarà sciolto nei cieli*".

LA TRASFIGURAZIONE
Matteo 17,1-9

UN giorno, Gesù salì sul Monte Tabor con Pietro, Giacomo e Giovanni, e si mise a pregare. Il suo viso si illuminò e si riempì di splendore ed i suoi vestiti si riempirono di luce e divennero bianchi come la neve.

Mosè ed Elia apparvero nello stesso momento. Pietro era talmente contento che voleva fare tre tende: una per Gesù, un'altra per Mosè e l'altra per Elia.

Nello stesso istante, una voce dal cielo disse: *"Questi è il Figlio mio, l'amato: in lui ho posto il mio compiacimento. Ascoltatelo!"*. Gli apostoli furono presi da grande timore e Gesù disse loro di non aver paura e di non dire a nessuno quello che avevano visto fino a che Egli non fosse risuscitato.

DIO È PADRE

Luca 11,1-13

I DISCEPOLI molte volte videro Gesù pregare. Uno di loro si avvicinò a Gesù e gli disse: "*Signore, insegnaci a pregare, come anche Giovanni ha insegnato ai suoi discepoli*". Gesù disse a tutti:

"Quando pregate, dite:
Padre nostro che sei nei cieli,
sia santificato il tuo nome,
venga il tuo regno,
sia fatta la tua volontà,
come in cielo così in terra.
Dacci oggi il nostro pane quotidiano,
e rimetti a noi i nostri debiti
come anche noi li rimettiamo ai nostri debitori,
e non abbandonarci alla tentazione,
ma liberaci dal male".

Dopo aver loro insegnato questa preghiera, aggiunse:

"Chiedete e vi sarà dato,
cercate e troverete,
bussate e vi sarà aperto.
Tutto quello che chiederete al Padre
nel mio nome,
Egli ve lo concederà".

IL FIGLIOL PRODIGO
Luca 15,11-32

I FARISEI criticavano Gesù perché non scacciava i peccatori. Egli aveva detto diverse volte che come i malati necessitano il medico anche quelli che peccano necessitano il perdono, ed affinché capissero bene le sue parole, fece loro questo esempio: un padre aveva due figli, uno di loro, il minore, disse a suo padre di dargli l'eredità perché andava via da casa. Il padre gli diede l'eredità, ed il figlio andò in un altro paese. Non trovò lavoro e finì a custodire i maiali. Stava male, aveva fame ed era solo.

Pensò: "Quando stavo a casa di mio padre, ero più felice e non mi mancava nulla. Tornerò da mio padre e gli chiederò perdono per essermi comportato male".

E così fu. Ritornò a casa sua. Suo Padre lo stava aspettando. Si abbracciarono e il padre, pieno di gioia, fece una grande festa. Suo figlio era tornato a casa. Gli fece regali e non considerò il male fatto dal figlio. Lo perdonò perché lo amava.

Quando Gesù finì di raccontare questa storia, aggiunse: "Lo stesso accade nel cielo quando un peccatore si pente".

GESÙ RISUSCITA LAZZARO

Giovanni 11,1-44

UN giorno comunicarono a Gesù che il suo amico Lazzaro era morto. Immediatamente si mise in cammino per Betania, la città dove viveva Lazzaro con le sue sorelle Marta e Maria.

Quando arrivò, Gesù comandò che aprissero il sepolcro dove stava il corpo di Lazzaro, che già mandava un cattivo odore, poiché era morto da quattro giorni.

Gesù alzò gli occhi al cielo e gridò forte: *"Lazzaro, vieni fuori!"*. Il morto uscì, i piedi e le mani legati con bende, e il viso avvolto da un sudario. Gesù disse loro: "Liberatelo e lasciatelo andare"

GESÙ ED I BAMBINI

Luca 18,15-17

UNA volta, alcuni bambini si avvicinarono a Gesù perché li benedisse, ma alcuni discepoli li allontanarono affinché non lo molestassero. Gesù chiamò di nuovo i bambini e disse ai suoi discepoli: "*Lasciate che i bambini vengano a me e non glielo impedite; a chi è come loro, infatti, appartiene il regno di Dio.*" Li abbracciò ed impose le mani sul capo di tutti.

IL GIOVANE RICCO

Luca 18,24-30

UN uomo giovane che apparteneva ad una famiglia ricca si avvicinò a Gesù e gli domandò cosa doveva fare per raggiungere la vita eterna. Gesù gli rispose che per raggiungere la vita eterna, doveva rispettare i comandamenti. Il giovane gli raccontò che i comandamenti li rispettava da quando era bambino ed allora Gesù gli disse: *"Una cosa ancora ti manca: vendi tutto quello che hai, distribuiscilo ai poveri e avrai un tesoro nei cieli; e vieni! Seguimi!"*. Ma il giovane, che era molto ricco, non poteva fare quello che Gesù gli chiedeva e se ne andò molto triste. Gesù disse ai suoi discepoli che era molto difficile entrare nel Regno dei Cieli se diamo più importanza al denaro che a Dio.

ZACCHEO
Luca 18,35-43

Zaccheo era il capo di quelli che riscuotevano le imposte dalla gente. Era molto ricco e corrotto, ma aveva voglia di conoscere Gesù. Sapeva che Gesù sarebbe passato dove stava lui e siccome era basso di statura, per poterlo vedere, salì su di un albero. Quando Gesù passò gli disse: *"Zaccheo, scendi subito, perché oggi devo fermarmi a casa tua"*.

Zaccheo fu felice, e quando finirono di mangiare, disse a Gesù che non avrebbc più rubato a nessuno, che avrebbe dato la metà dei suoi beni ai poveri e che restituiva quadruplicato tutto quello che aveva rubato.

Gesù gli rispose:

*"Oggi
per questa casa
è venuta la salvezza"*.

GESÙ ENTRA A GERUSALEMME

Giovanni 12,12-19

DOPO essere passato per Betania ed aver cenato in compagnia di Marta, Maria e Lazzaro, Gesù iniziò a salire a Gerusalemme. Si avvicinava la festa della Pasqua giudaica. Le persone che andavano in questa città cominciarono a salutare con rispetto Gesù, a mettere sul suolo dove Egli passava tappeti e rami di palme. Tutti lo acclamavano dicendo *"Osanna al figlio di David!"*.

Circondato da una moltitudine di persone arrivò al tempio di Gerusalemme.

Lì predicò e guarì molti malati.

GESÙ LAVA I PIEDI AI SUOI DISCEPOLI

Giovanni 13,1-21

IL primo giorno di Pasqua, che era Giovedì, Gesù si riunì con i suoi apostoli in un luogo chiamato cenacolo. Prima di cominciare e cenare insieme, Gesù si alzò ed a uno per uno lavò i piedi ai suoi apostoli. Tutti erano puliti spiritualmente, meno Giuda, che era quello che lo avrebbe tradito. Gesù disse a suoi apostoli: "*Vi ho dato un esempio, infatti, perché anche voi facciate come io ho fatto a voi*".

Giuda Iscariota già aveva trattato con i sommi sacerdoti e le autorità giudaiche per consegnare Gesù per trenta monete monete d'argento. Nella cena Giovedì, Gesù disse: "*In verità, in verità io vi dico: uno di voi mi tradirà*". Tutti cominciarono a domandare: "*Signore, chi è? Rispose Gesù: È colui per il quale intingerò il boccone e glielo darò*". E così fu. Giuda mangiò quel boccone, si alzò e se ne andò. Gesù gli disse: "*Quello che vuoi fare, fallo presto*".

L'ULTIMA CENA

Luca 22,14-20; Giovanni 15,12-15; 17,1.6.11

QUANDO Giuda si allontanò, Gesù e gli apostoli continuarono la cena. Quando terminarono, Gesù prese nelle sue mani un pane, rese grazie a Dio, lo benedisse, diede un pezzo ad ogni apostolo e disse queste parole: *"Questo è il mio corpo, che è dato per voi; fate questo in memoria di me"*. Dopo prese il calice pieno di vino, rese grazie a Dio, lo benedisse e lo passò ai suoi apostoli dicendo:

"*Bevetene tutti, perché questo è il mio sangue dell'alleanza, che è versato per molti per il perdono dei peccati*".

Inoltre, disse loro: "*Questo è il mio comandamento: che vi amiate gli uni gli altri come io ho amato voi*".

Dopo, Gesù, in preghiera con il Padre, disse: "*Padre, è venuta l'ora… Ho manifestato il tuo nome agli uomini che mi hai dato dal mondo. Erano tuoi e li hai dati a me, ed essi hanno osservato la tua parola. Padre santo, custodiscili nel tuo nome, quello che mi hai dato, perché siano una sola cosa, come noi*".

NELL'ORTO DEGLI OLIVI

Giovanni 18,1-14; Matteo 26,39.49

DOPO l'ultima cena, Gesù salì all'Orto degli Olivi. Lo accompagnavano i suoi apostoli. Gesù si mise in ginocchio a pregare. Era triste e pregò così: *"Padre mio, se è possibile, passi via da me questo calice! Però non come voglio io, ma come vuoi tu!"*. Mentre Gesù pregava, alcuni apostoli, molto stanchi, si addormentarono. E li rimproverò. Gesù era talmente angosciato che cominciò a sudare sangue. Egli sapeva che sarebbe morto e che avrebbe sofferto molto.

Mentre era nell'orto arrivò Giuda, il traditore, con dei soldati ed alcuni rappresentanti dei sacerdoti. Gli disse: *"Quello che bacerò, è lui"*, e diede un bacio a Gesù.

I soldati si avvicinarono a Gesù e lo presero. Gli apostoli fuggirono.

Portarono Gesù davanti ad Anna e Caifa. Anna, che era stato sommo sacerdote, interrogò Gesù circa quello che aveva detto e predicato tutti i mesi precedenti e Gesù gli disse che se voleva sapere quello che Egli pensava e predicava, che lo chiedesse a tutti quelli che lo avevano ascoltato.

Dopo Gesù fu portato davanti a Caifa perché lo interrogasse. Gli domandò se Egli era il figlio di Dio e Gesù gli rispose: *"Io sono"*. Caifa si scandalizzò per queste parole. Strappò le sue vesti e condannò Gesù a morte per aver bestemmiato.

PIETRO RINNEGA GESÙ

Giovanni 18,15-18

QUANDO portarono Gesù dall'Orto degli Olivi al palazzo di Anna e Caifa, Pietro lo seguì, ma ad una prudente distanza. Tre diverse persone dissero a Pietro che lo avevano visto con Gesù, che egli apparteneva al suo gruppo, ma Pietro lo negò per tre volte. Subito cantò un gallo. E Pietro ricordò quello che gli aveva detto Gesù alcune ore prima: "*Mi rinnegherai tre volte prima che il gallo canti*". Pietro si rese conto del suo peccato. E pianse amaramente.

GESÙ È PORTATO DAVANTI A PILATO

Luca 23,1-25

I TRIBUNALI giudei avevano sentenziato la morte di Gesù perché era blasfemo dire che era il Figlio di Dio. Ma era il procuratore Romano, Ponzio Pilato, che doveva concretizzare questa sentenza. Per questo Pilato interrogò Gesù e gli domandò se era re. Gesù gli rispose: *"Sono re, ma il mio regno non è di questo mondo"*.

Pilato si rese conto che Gesù era innocente. In quei giorni, c'era un altro prigioniero che si chiamava Barabba. Pilato offrì alla moltitudine delle persone la scarcerazione per uno di essi, e la gente chiese che lasciassero libero Barabba e che crocifiggessero Gesù.

Pilato ordinò di liberare Barabba. Nel cortile del suo palazzo spogliarono Gesù, lo percossero con la frusta, gli

misero una corona di spine e lo insultarono e umiliarono.
Così lo presentarono davanti al popolo, che chiese
una volta di più che Gesù fosse crocifisso.

Pilato accettò, ma disse che egli
non era responsabile della morte
di Gesù, che lo trovava giusto
ed innocente.

GESÙ MUORE SULLA CROCE
Giovanni 19,17-30

DOPO la sentenza di Pilato, misero un legno molto pesante sopra le spalle di Gesù. Doveva camminare con questo tronco pesante fino al Golgota, il luogo dove sarebbe stato crocifisso. Gesù cadde più di una volta, era esausto, senza forze, e con flagelli e fruste lo costringevano ad alzarsi, finché i soldati romani obbligarono un contadino chiamato Simone da Cirene ad aiutare Gesù a portare il pesante carico. Arrivarono al calvario e lo inchiodarono al legno bucandogli le mani ed i piedi con chiodi di ferro. Due ladroni furono crocifissi con Gesù, uno alla sua destra e l'altro alla sua sinistra. Uno di questi supplicò pietà a Gesù ed egli gli rispose: "*Oggi starai con me in paradiso*".

Maria, la madre di Gesù, e l'apostolo Giovanni erano vicino alla croce. Gesù disse alla madre: "*Donna, ecco tuo figlio!*". Poi disse a Giovanni: "*Ecco tua madre!*".

Gesù stava agonizzando ed il cielo si era riempito di nubi grigie e scure. Gesù gridò: "*Padre, nelle tue mani consegno il mio spirito*", e chinando la testa spirò. Ci fu un grande terremoto nella terra e la cupola del tempio di sgretolò.

INRI

LA SEPOLTURA DI GESÙ

Matteo 27,57-66

PER assicurarsi che Gesù era morto, uno dei soldati romani ficcò una lancia nel costato di Gesù. Da questo uscì sangue ed acqua.

Giuseppe da Arimatea si presentò a Pilato per togliere dalla croce il corpo senza vita di Gesù. Nicodemo, un altro buon uomo, aveva comprato oli speciali e profumi per imbalsamare il corpo di Gesù. Tolsero Gesù dalla croce, lo lavarono, lo profumarono, lo avvolsero in un lenzuolo e lo portarono al sepolcro che era di proprietà di Giuseppe da Arimatea. Chiusero il sepolcro con una grande pietra rotonda.

GESÙ RISUSCITÒ

Giovanni 20,1-18

ALL'ALBA del primo giorno della settimana, le donne che seguivano Gesù uscirono per andare al sepolcro dove era il corpo di Gesù. Quando arrivarono, videro che

la pietra era stata spostata ad un lato dell'entrata. Maria Maddalena corse a dare la notizia agli apostoli, che erano chiusi in una casa per paura dei giudei. Maria Maddalena disse loro che il Signore non era più nella tomba, che era risuscitato. Gli apostoli non credettero alle sue parole. Ma Gesù era risuscitato.

I DISCEPOLI DI EMMAUS

Luca 24,13-35

DUE discepoli di Gesù camminavano verso Emmaus. Erano tristi. Mentre camminavano, gli si avvicinò uno sconosciuto, che gli domandò di che parlassero e perché erano tanto tristi. Essi gli risposero che erano così per la morte di Gesù di Nazaret, e che come molti altri speravano che li avrebbe liberati dal potere del male, ma che era morto. Lo sconosciuto spiegò loro ogni parte delle Scritture che parlavano del Messia, di Gesù.

Quando arrivarono ad Emmaus, i discepoli dissero allo sconosciuto di restare con loro perché si stava facendo notte. Si sedettero a cenare, e lo sconosciuto prese il pane, lo spezzò e lo divise fra di loro. Subito, i discepoli compresero che era Gesù che era apparso loro.

Pieni di gioia, ritornarono a Gerusalemme a raccontare agli altri quello che era accaduto.

GESÙ APPARE AGLI APOSTOLI

Luca 24,36-45

GLI apostoli erano chiusi in una casa di Gerusalemme, porte e finestre erano chiuse molto bene perché avevano paura dei giudei e di finire morti come Gesù.

I discepoli di Emmaus dissero che Gesù era resuscitato ed anche Maria Maddalena lo aveva detto, ma i discepoli non credevano molto a queste affermazioni della risurrezione di Gesù ma subito, nella casa dove essi stavano, apparve Gesù. Augurò loro la pace e mostrò loro le mani, i suoi piedi e il suo costato: era lo stesso che avevano crocifisso giorni indietro, ora era resuscitato, era davanti a loro e adesso non avevano più dubbi.

Disse agli apostoli che li inviava per il mondo e che dava loro il potere di perdonare i peccati. Andò via da essi lasciando loro la pace. La paura era scomparsa dai loro cuori.

GESÙ SALE AL CIELO

Luca, 24,50-53

GESÙ resuscitato apparve diverse volte agli apostoli promettendo che avrebbe inviato loro il suo Spirito Santo perché andassero per tutto il mondo ad evangelizzare.

Un giorno, Gesù risorto portò i suoi discepoli fuori della città, li benedì ed iniziò a salire al cielo, fino a scomparire.

Gli apostoli tornarono a Gerusalemme, ed insieme a Maria, la Madre di Gesù, aspettarono la venuta dello Spirito Santo. Durantc questo tempo di attesa tirarono a sorte per eleggere un altro apostolo che sostituisse Giuda Iscariota, quello che tradì Gesù. Fu eletto Mattia, uomo buono e giusto

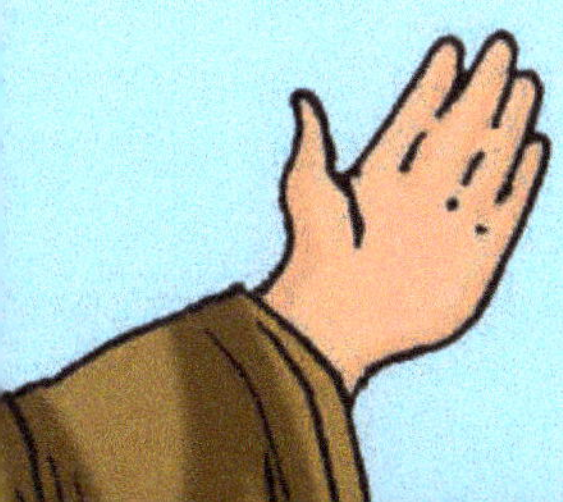

LA VENUTA DELLO SPIRITO SANTO

Atti degli Apostoli 2,1-41

A DIECI giorni dall'ascesa di Gesù al cielo e cinquanta giorni dopo la Pasqua, accadde un fatto straordinario: mentre gli apostoli erano riuniti, si udì un gran rumore ed un forte vento soffiò nella casa. Una sorta di lingue di fuoco si posarono sopra ognuno degli apostoli, e tutti

rimasero pieni dello Spirito Santo. Questo giorno nacque
la Chiesa.

A Gerusalemme c'erano persone arrivate da molti
posti lontani, che parlavano lingue differenti, ma che
divennero capaci di ascoltare
gli apostoli parlare nelle
loro proprie lingue.

LA CHIESA DI GESÙ CRESCE

Atti degli Apostoli 4,32-34; 5,12-16

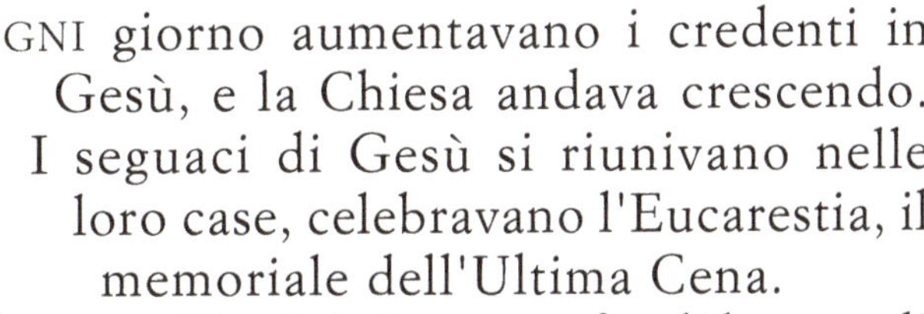

OGNI giorno aumentavano i credenti in Gesù, e la Chiesa andava crescendo. I seguaci di Gesù si riunivano nelle loro case, celebravano l'Eucarestia, il memoriale dell'Ultima Cena.

Tutti si aiutavano fra di loro, e gli apostoli predicavano e facevano molti miracoli.

Tutti i giorni annunciavano che Gesù era risorto. Tutti mettevano i loro beni in comune ed erano felici.

Fu proibito agli apostoli di parlare di Gesù, ma essi seguitavano predicando la Buona Novella del Vangelo, e così furono incarcerati e flagellati con fruste.

"Anche la folla delle città vicine a Gerusalemme accorreva, portando malati e persone tormentate da spiriti impuri, e tutti venivano guariti".
Atti degli Apostoli 5,16

183

STEFANO, IL PRIMO MARTIRE

Atti degli Apostoli 6,5-7; 7,54-60

LA Chiesa continuava a crescere ogni giorno di più. Gli apostoli iniziavano ad aver bisogno di uomini giusti che li aiutassero nel servizio ai più bisognosi e nelle preghiere. Per questo elessero sette uomini, imposero loro le mani e li nominarono diaconi, che significa servitori. Uno di questi era Stefano.

Alcuni giudei erano contro i cristiani, ed accusarono Stefano di bestemmiare. Lo interrogarono, presentarono testimoni falsi e lo condannarono a morire lapidato. Mentre le pietre lanciate con forza colpivano il corpo di Stefano, questi pregava Dio chiedendogli pietà per questi assassini.

La Chiesa di Gesù cominciava ad essere perseguitata e molti credenti emigrarono in altri paesi. Così altre nazioni conobbero Cristo ed il suo Vangelo. Per moltissimi anni, la Chiesa di Gesù fu perseguitata.

SAN PAOLO
Atti degli Apostoli 8,1-13; 9,1-9

S AN Paolo, prima di farsi apostolo di Cristo, si chiamava
Saulo. Era nativo di Tarso. Comandava un gruppo di
uomini che perseguitava i cristiani, e quando Stefano fu
lapidato, Saulo era lì.

Mentre Saulo andava a Damasco per perseguitare i
cristiani, una luce lo circondò e sentì una voce che
diceva: *"Saulo, Saulo, perché mi perseguiti?"*.
Saulo domandò di chi era questa voce. E la
risposta fu: *"Io sono Gesù, che tu
perseguiti! Ma tu alzati ed entra
nella città e ti sarà detto ciò
che devi fare"*.

Saulo si alzò ma non vedeva niente. Lo portarono a Damasco, fu battezzato e tornò a vedere. Immediatamente iniziò a predicare che Gesù era il Figlio di Dio e che era risorto per salvare l'umanità. Saulo cominciò a chiamarsi Paolo. Fu un grande predicatore e andò in molte città: Gerusalemme, Corinto, Roma, Efeso, anche Antiochia. In questa città i discepoli di Gesù cominciarono a chiamarsi cristiani.

Indice

www.ingramcontent.com/pod-product-compliance
Lightning Source LLC
Chambersburg PA
CBHW042143110726
47973CB00040B/127